Sandy Taikyu Kuhn Shimu

BEGEGNE DIR SELBST IN DER STILLE

Freiheit beginnt mit deinen Gedanken

Schirner Verlag

ISBN 978-3-8434-1104-2

1. Auflage März 2013

Umschlag & Satz: Silja Bernspitz, Schirner
Redaktion: Katja Hiller, Schirner
Bilder: Sandy Taikyu Kuhn Shimu und
Fredy Jundo Kuhn Shifu
Titelfoto, Foto auf S. 2–3 und S. 144:
30373663 © kingxhuang, www.fotolia.com
Foto auf S. 4–5: # 38929502 © ping han, www.fotolia.com
Printed by: ren medien, Filderstadt, Germany

www.schirner.com

FÜR TIBET

– Das Dach der Welt –

*Ich war dem Himmel wahrhaftig
ein Stück näher.
Mein Geist konnte sich in den
Weiten der Unendlichkeit
ausdehnen.*

*In Demut und Dankbarkeit
Sandy Taikyu Kuhn Shimu*

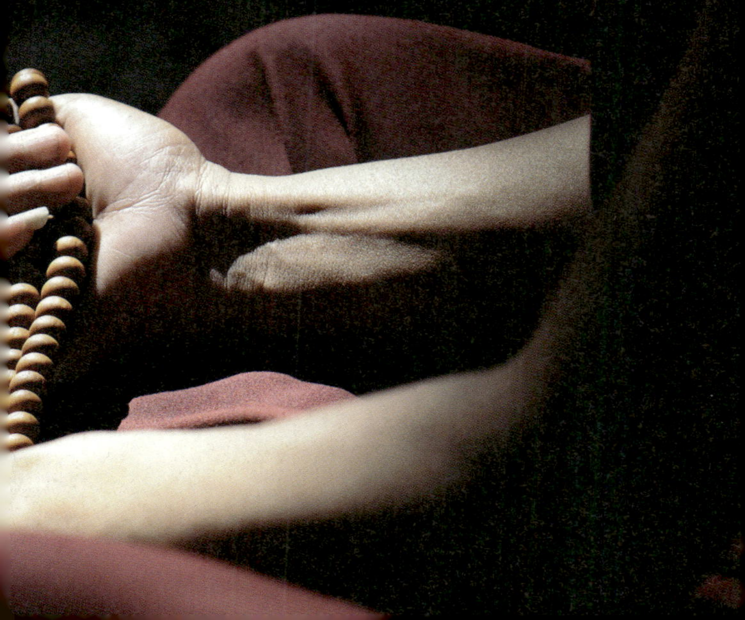

DEIN WEG

Betritt den geistigen Weg voller Zuversicht
und Vertrauen.
Schreite beherzt durch die Tiefen der Täler,
und erklimme furchtlos die Höhen der Gipfel.

Lasse Gewitterwolken vorüberziehen,
und schütze dein Wesen vor Donner und Blitz.
Ertränke dein Ich im Regen,
und nähre dein Selbst im Sonnenschein.

Überprüfe die Spuren im Schnee.
Welche Abdrücke hinterlässt du in deinem Geist?
Lasse die Geier über deinem Haupt kreisen.
Es ist deine Zeit.

Wirf das Gepäck vergangener und zukünftiger Zeiten ab,
und trage nur die leichte Gegenwart in deinem Herzen.
Halte Rast für Körper und Geist,
und stille deinen Hunger mit der Kraft und Achtsamkeit
des Augenblicks.

Überquere die Schlucht der Begrenzungen,
und fege Gier und Hass beiseite.
Löse dich von den Fesseln der Angst,
und lasse Hingabe und Güte deinen Pfad weisen.

Wenn sich der Nebel der Erkenntnis lüftet,
erfährst du eine Klarheit, die dich führen wird.
Nimm sie bei der Hand, schenke ihr dein Vertrauen,
und durchbrich den Dunst der Unwissenheit.

Wo Licht und Liebe sind, da ist dein Weg.

Jede Reise führt dich
zu dir *selbst* zurück.

Freude ist die Quelle der Inspiration.

Wasser – *kostbarstes Gut, Quelle der Natur und Lebensader des Menschen.*

Wo es fließt, herrscht Frieden.
Wo es versiegt, entsteht Krieg.

Lerne, Dinge auszuhalten,
dann kannst du dich mit ihnen verändern.

Dunkle Wolken türmen sich zu einem Tempel
Blitz und Donner lassen die Glocken schlagen.

*Regentropfen fallen wie Segnungen vom Himmel
und reinigen deinen verstaubten Geist.*

Sich anzupassen heißt,

mit dem Strom des Lebens mitzufließen.

Den Puls der Zeit fühlend, ist das Ende in Sicht.
Nichts zu bereuen, alles loszulassen und in Frieden
zu gehen, das ist die höchste Kunst des Lebens.

Übe dich stets in dieser Praxis –
du weißt nie, wann es so weit ist.

Dämonen vergangener Zeiten
holen dich ein,

wenn du den Pfad der Gewohnheiten verlässt.

Wo kein Ich existiert,

sind keine Anhaftung, keine Ablehnung und keine Verblendung vorhanden.

In der Dunkelheit
werden alle Farben eins.

Zeit formt jeden Charakter.

Genau so, wie
die dunklen Gewitterwolken vorüberziehen,

lösen sich *deine dunklen Gedanken auf.*

Jeder achtsame Schritt
bringt dich

der Erkenntnis ein Stück näher.

Wenn du das siehst, was wirklich ist,
durchbrichst du die Illusion,

und die mit ihr verbundenen Gefühle
lösen sich unweigerlich auf.

Einen Fuß vor den anderen
zu setzen,

das ist Meditation.

Unerwartetes
verunsichert dich nur dann

wenn du zuvor
Erwartungen hattest.

Es spielt keine Rolle,
was andere von dir denken.

Es spielt nur eine Rolle,
was du von dir denkst.

Die bunten Gebetsfahnen tragen
die erhabenen Worte in den Wind.

Mache es den Vögeln gleich,
und ziehe deine geistigen Runden.

Leben *oder* Tod –

du bist von beidem immer nur
einen Atemzug entfernt.

Normen und *Werte,*
Richtig und *Falsch* –

sie alle verlieren sich in der
bedingungslosen Weite der Natur.

Grenzen entstehen
nur in deinem Kopf.

Suche nach Gemeinsamkeiten
und nicht nach Unterschieden.

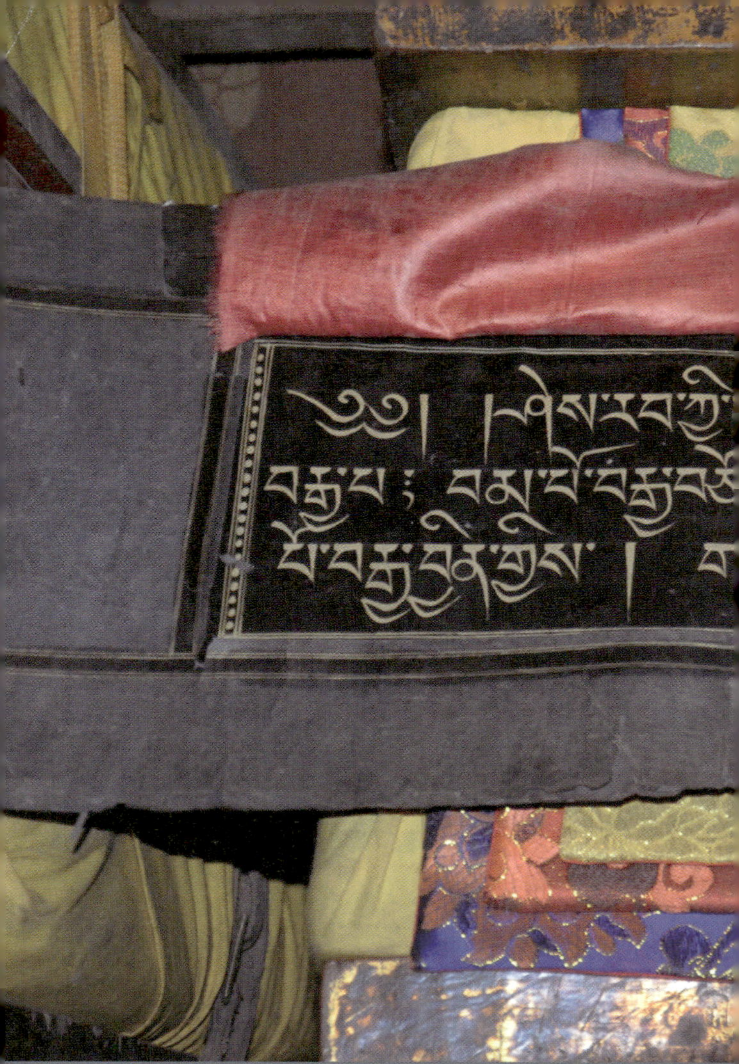

Auch geistige Nahrung
muss verdaut werden.

*Die Sonne kann immer nur
einen Teil des Berges bescheinen.*

Du entscheidest,
auf welcher Seite du gehst.

Freiheit bedeutet,

frei und unabhängig von
den eigenen Emotionen zu sein.

Gefahren lauern überall –
du kannst auch aus einer Hängematte fallen.

Es gibt immer einen Zeitpunkt
im Leben, da weißt du es besser

Bis dahin:
Vergiss nicht zu leben!

Gezeichnet von der Zeit,
ragen die Berge wie Könige auf ihrem Thron in den wolkenlosen Himmel.

Mache es ihnen gleich, und altere in Würde.
Trage deine Furchen und Falten
mit erhobenem Haupt.

*So, wie sich der Berg
im glasklaren See spiegelt,*

reflektiert sich dein Verhalten
im Gegenüber.

Wahre Schönheit strahlt dann,
wenn du wahrhaftig »du« bist

Suche den Kontakt mit Menschen, die das Heilsame und Positive in dir wecken und das Gute in dir sehen.

Durch sie wirst du ein wahrer Mensch.

Wenn sich der Nebel der Unwissenheit lüftet
und die Sonne die Weisheit des Augenblicks beleuchtet,
erstrahlt alles in einer unbeschreiblichen Klarheit,

gleich einem Bergfluss,
der soeben der Quelle entsprang –
frisch, rein und unverfälscht.

Lasse deine Gedanken
vom Wind in die Ferne tragen,

und befreie dich so
vom rastlosen Geplapper deines Geistes.

Wo nichts ist,
kann alles werden.

Wenn du die Weite hören, die Höhe fühlen,
den Frieden sehen, die Freiheit schmecken
und die Liebe riechen kannst,

dann bist du auf dem
Dach der Welt angekommen.

地址：西藏拉萨市色拉路 36 号
电话：(0891) 6389376
西藏拉萨啤酒有限公司

Dein wahres Selbst erblickst du in keinem Spiegel.

Wünsche sind der Anstoß zur Veränderung.

In der offenen, unendlichen Weite
spiegelt sich nichts –

und trotzdem erkennst du dich.

Der Zeit ist es egal, ob du mit ihr etwas anzufangen weißt oder nicht.

Störende Geräusche
machen nur wir Menschen.

Erst durch das Fremde fühlst
du dich mit der Heimat verbunden.

Derjenige, der handelt,

verändert die Welt.

*Das höchste Ziel erreichst du nur,
wenn du dein Ego aufgibst.*

Eine heilsame Gabe ist es,
über sich selbst lachen zu können.

Wenn Angst deine Gedanken fesselt,

befreie dich mit einem tiefen Atemzug.

Angst vor Identitätsverlust
bedeutet,

dass noch zu viel Ich vorhanden ist.

In der totalen Erschöpfung fällt alles von dir ab.

Dann bist du bereit,
dich von der Quelle tragen zu lassen.

Es ist nur eine Frage der Zeit,

nach wie vielen Schritten
du im Nebel nass wirst.

Anfang und Ende, Geburt und Tod –
sie bedingen sich gegenseitig.

Manchmal liegen sie aber so nah beieinander, dass der Eindruck entsteht, es existiere nur eines von beiden.

Eindrücke hinterlassen unsichtbare Spuren, die dich wie Schatten verfolgen und dich jederzeit vom Licht ins Dunkel tragen können.

Gedanken und Gefühle können wie Wolken am geistigen Firmament hängen.
Sei vorsichtig, dass du sie nicht für den blauen, klaren Himmel hältst.

Auch wenn du auf deinem Lebensweg mit vielen anderen Menschen wanderst,

folge immer deinem eigenen Pfad.

Wahre Stille entsteht,
wenn dein Herz-Geist ruhig wird.

Je höher **du gehst,**

desto tiefer kannst du fallen.

Hindernisse stellen sich dir
nicht zufällig in den Weg.

Du hast diesen Weg gewählt.

Mit den ersten Sonnenstrahlen erwacht
das goldene Haupt des heiligen Berges.

Im Spiegel des jadegrünen Sees tanzen die Wolken um die Gunst des Betrachters.

Kleine Geschenke
erhalten die Freundschaft,

große gefährden sie.

Die Sehnsucht nach Weite und Natürlichkeit
ist im Ursprung der Wunsch nach

Auflösung der eigenen
Begrenzungen und Unzulänglichkeiten.

Die Angst vor dem Tod
ist im Kern die Angst vor dem Leben.

Es gibt Orte, an denen bist du
dem Himmel ein Stück näher.

Nutze diese Gelegenheit,
und rücke ein Stück näher zu dir selbst.

Zweifel entstehen nur
in einem unruhigen, rastlosen Geist

Scham verschwindet,

wenn sich das Gefühl der
Getrenntheit auflöst.

Entbehrungen lassen dich
das ehren, was du hast.

Die Natur holt sich
früher oder später alles zurück.

Vergiss nicht:
Auch du bist ein Teil von ihr.

Lasse nichts, außer

deine guten Taten,
auf dieser Welt zurück.

Ein offener Geist
findet offene Herzen.

Weisheit ist gelebte Erfahrung.

*Leid vergrößert sich
mit der Größe deines Egos.*

Tradition
verbindet und stärkt, wenn

sie sich der Moderne nicht verschließt.

Dringlichkeit
bestimmt die Umstände

Abschied: weder Freude noch Trauer,
kein Lachen, keine Tränen.

Wo kein Kommen, da kein Gehen –
jederzeit daheim.

ZUR AUTORIN

Sandy Taikyu Kuhn Shimu, geboren 1972 in Zürich, ist Buddhistin, Poetin, Lebens- und Kampfkünstlerin und auf der Suche nach dem wahren Menschen ohne Namen und Rang.

www.taikyu.ch | www.wulin.ch | www.wulintempel.ch
sandy@taikyu.ch

WEITERE TITEL DER AUTORIN, ERSCHIENEN IM SCHIRNER VERLAG:

Buch: Wenn Kirschblüten fallen – Impulse, die den Geist beflügeln
CD: Wenn Kirschblüten fallen – Geführte Meditationen, die den Geist befreien
Buch: Erleuchtung zum Frühstück – Nimm dir Zeit zum Leben – Achtsamkeit im Alltag
Kartenset: Erleuchtung zum Frühstück – Nimm dir Zeit zum Leben – Achtsamkeit im Alltag
Buch: Mit Buddha Tee trinken – Eine Einführung in die chinesische Teezeremonie
Buch: Erwecke den Krieger in dir – Das WU LIN-Prinzip
Buch: Im Angesicht des Todes – und jetzt? Übungsbuch zur Integration und Akzeptanz des Unvermeidlichen
CD: Im Angesicht des Todes – Vergeben, Heilen und Loslassen – Geführte Meditationen
Buch: Was die Energie zum Fließen bringt – Der kleine Energieratgeber für jeden Tag